Treva Alvorada

Mariana Ianelli

TREVA ALVORADA

ILUMI//URAS

Copyright © 2010
Mariana Ianelli

Copyright © *desta edição*
Editora Iluminuras Ltda.

Capa
Eder Cardoso / Iluminuras
sobre *Sem título* (2000), óleo sobre tela [200cm x 160cm].
Arcangelo Ianelli, São Paulo.

Foto da obra
Nelson Kon

Revisão
Ana Luiza Couto

(Este livro segue as novas regras do Acordo Ortográfico da Língua Portuguesa.)

CIP-BRASIL. CATALOGAÇÃO-NA-FONTE
SINDICATO NACIONAL DOS EDITORES DE LIVROS, RJ

I16t

Ianelli, Mariana
Treva Alvorada / Mariana Ianelli. - São Paulo : Iluminuras, 2010.

ISBN 978-85-7321-324-9

1. Poesia brasileira. I. Título.

10-1451.   CDD: 869.91
                                   CDU: 821.134.3(81)-1

07.04.10   13.04.10   018427

2010
EDITORA ILUMINURAS LTDA.
Rua Inácio Pereira da Rocha, 389
05432-011 - São Paulo - SP - Brasil
Tel./Fax: 55 11 3031-6161
iluminuras@iluminuras.com.br
www.iluminuras.com.br

ÍNDICE

Uma palavra sobre *Treva Alvorada* 11

I

Exílio 21
Ponta de lança 23
Remate 25
Cassiana 27
De volta a casa 29

II

Herculano 33
Pietà 35
Flor do ofício 37
Cântico 39

III

Pacto 43
Fortuna 45
Variações para morte 47
Memorando 49
Retorno 51

IV

Quadrante vazio 55
Além do Equador 57
Dias e noites 59
O tornilheiro 61
Canto do estrangeiro 63

V

A morte da Quimera 67
Narciso 69
Extensão do mito 71
Enigma 73
Teatro de sombras 75

VI

Treva Alvorada 79
Segunda vez 81
Vigília 83
Véspera 85

VII

Colheita 89
O encontro 91
Filho pródigo 93
Os impuros 95
Hera nos campos 97
Descendência 99

Palavra..101
Entusiasmo...103
Da origem dos Moabitas................................105

VIII

Visita...109
Na tempestade...111
13º trabalho de Hércules..............................113
Vibrações...115

IX

Noite escura..119
À meia voz..121
Diante da paisagem....................................123
Na casa do pai..125

Sobre a Autora..127

UMA PALAVRA SOBRE TREVA ALVORADA

Este livro se fez em uma só noite, antiquíssima, que durou anos. Foi preciso silêncio, o silêncio de um deserto absoluto, humildade perante o incalculável da escrita, para chegar a esse território assim distribuído, em povoações. Todos os projetos, aqui, terminaram traídos, até o último poema. Nove encarnações, nove quedas no tempo. A paisagem que se delineia, agora, espera seu redescobrimento.

M. I.

Em memória de meu avô
Arcangelo Ianelli

*Vazio de quanto amávamos,
mais vasto é o céu. Povoações
surgem do vácuo.
Habito alguma?*

Carlos Drummond de Andrade

TREVA ALVORADA

I

EXÍLIO

Sol de novembro,
Tiraram-me tudo e o medo.
De corpo inteiro menor
E já o meu inferno é pequeno.

Roteiros não fazem mais sentido,
Suprir as reservas, apenas as do sono.

Como os dias são largos!
Abaixo os castelos,
Abaixo os andores.

Eu que fiava para não esquecer,
Que ultrapassava a montanha,
Eu que decantava o pó
Para trazer os vapores à tona.

Eu, a quem faltava uma seta
E sobravam direções.

Mas isso foi ontem e há muito tempo,
Quando não palpitava ainda
A necessária mortalidade das coisas.

PONTA DE LANÇA

Seria preciso não dizer
E isto fosse o mais fundo
Orgasmo que pranteia.

Subir, espocar, descer
E no furor da alegria
Abrir-se também como flor
A velha úlcera encarniçada,
Uma luz que deliquescesse.

Ainda sem dizer,
Adorar o azinhavre, a ferrugem,
A maçã resplandecente no esterco.

Isto fosse a paz, e seria
A mais tácita das guerras.

De uma audácia tão franca
(Ponta de lança)
E tão áspero espanto,
Despir a cartilagem
Para chegar à cor do crepúsculo.

REMATE

Relaxaram as pequenas razões,
Rolaram as mortes represadas.
Ficou uma brisa tão discreta
Esta antes chamada inteligência.

Os dentes manchados
E a boca sorri,
Prazerosa, anoitecida,
Mesmo desfigurada sorri.

Não se esbalda mais o pudor
Em disfarçar a baba selvagem,
O desenho obsceno no chão de giz.

Que nada se mova,
Movem-se as pragas, as formigas.
Move-se também, quem sabe,
Uma excelente ideia
Já fermentada no desatino.

Ontem simples cerimônia,
Persistir
Se refez no impulso
Das coisas espontâneas.

Agora o corpo ousa viver,
Sofrer de zelo e nascença
Na inconsequência do dia.
O corpo ousa viver um dia.

CASSIANA

Fome profunda, escuro do açude,
Cassiana, por que te dar outro nome?

Pus no teu sonho o meu espaço,
Nos teus horrores não despertados.
Devaneava, pensamento em êxtase,
Debruçada sobre a tua eternidade.

Se eu te dissesse — e dizia —
Que súbita tempestade,
Casas e línguas desmanteladas,
O monte de cinza
Que ainda é preciso colher
Para formar a palavra holocausto.

E nem assim tua infância descarnava.
Era podar tua risada e ela rompia
Mais indecorosa, mais asma.

Não bastando os olhos para ver,
Cantando eu vejo:
Não me roubaram essa raiva.

DE VOLTA A CASA

Dos tremores, antes a púrpura,
Uma febre langorosa
Entre o lampião e os incêndios.

Livre de razões e mais inocente
Já desfiadas as culpas,
As posses, as boas maneiras.

Miserável, mas de uma miséria
Tão pródiga, que em menos
Haja graça, e não carência.

A saúde dos humores, haja,
O escândalo da nudez displicente
Enquanto houver pouco e mel.

II

HERCULANO

Estranha manhã em Herculano,
Nos entrelaçamos como uma aranha.
Temos todo o tempo e o tempo é curto,
Em um minuto o passado elabora
O museu do futuro.

Podemos ainda amar a casa,
Encher as taças,
Inventar algum desejo pequeno
Com ares de importante.

Qualquer disparate
Nós podíamos, se quiséssemos,
Uma fresta de esquecimento
Onde tudo condensa memória.

Preferimos o momento ele puro, de calcário,
A fina arte da escultura.

Pouco importa a cara sufocada,
O corpo flagrado na posição do susto.
Passará a tempestade de pó,
A febre arreganhada passará, o escuro.

Não passará minha solidão socorrendo a tua.

PIETÀ

Por delicadeza
Devia cada um resolver seu vestígio,
Não deixar o corpo a esmo,
Atravessado na passagem,
Sem desejo, sem enigma.

Mas se me fica o teu corpo
Eu te arrepanho nos braços
Com a maternidade do ofício
E lavo os teus ombros
De quanto pesou sobre eles,
O teu sexo, que a nenhum afago responde,
Lavo os teus pés, o ato mais santo.

Eu te arremato, eu te limpo da vida,
Faço com que desapareças,
Que o teu equívoco me abasteça
Da razão dos humildes.

Fardo ensoalhado, esse,
De amparar o meu próprio destino.

FLOR DO OFÍCIO

Emboscada no silêncio
Eu preparo a rosa inútil
Com as horas que salvei
Do desperdício.

Feito um verme
Decompondo ceticismo
Em força indômita,
Preparo e deito essa flor
No teu caminho
Para quando o teu corpo
(Tão quebrantável quanto o meu)
For sozinho pastorear
Seus demônios no vazio.

Quase dois mil anos
Guardado no deserto
Um salmo esperou
Para recobrar sua melodia —
E eu não te esperaria?

CÂNTICO

Apenas o tempo necessário
Nos separa.

Fina medula sobre a terra,
Benemérita da alegria
Quando canto,
Sonho que flutuo sobre um pélago,
Sonhar é o meu trabalho.

Minha forma disjunta
Uma crisálida
Que da morte se enamora
E não cogita
Se esse amor compensa
A pena e a confiança.

Todo o tempo de um instante
Eu me fazendo plana,
Ideia de um deus menino,
Isca para um colosso de asas,
Teu manto.

III

PACTO

De madrugada se misturam
Como os cães da montanha quando uivam.
Escondidas covardias se misturam.

Noite após noite eles vêm,
Esse foi o prometido,
Dividir o pão do dia, a cara magra,
Olhos que já não acreditam.

Como cães,
Lambem o talho mal curado
Das velhas antipatias,
Um leva o outro
No passo aleijado por um tiro.

Esplêndidos, eles vêm,
Dementes de frio,
Não pesando a vontade
Nem contando os motivos.
E ali, misturados na noite,
No fosso da noite, dão de existir.

FORTUNA

Antes chovesse
E eu me ocupasse
Das cartas não respondidas,
Mas a medicina prescreve
A perda da minha memória
E hoje eu mesmo assino a carta
Que não será respondida.

Noite quente
E estou num quarto sem luz
Alugado por dia
Esperando uma solução
Que a preço nenhum viria.

Cor de ouro, digo,
E abraço tua cintura
Temperada a cidreira e exílio.

À beira da linha do trem
Em tudo revivo,
Exceto naquele crime
Que não mais exorcizo
Porque foi enterrado
Antes de mim.

Deslocadas as coisas dos seus ofícios,
Mando-as para a gaveta,
Assim começo a engavetar-me
Também eu.

Notícias velhas
Estão dentro do meu tempo,
O portal de Namdaemun
Que o fogo destruiu
Agora me serve de espelho.

— Perda da memória,
Postula a ciência inesquecível.
Então imagino
O mesmo diagnóstico
Nas palavras de uma pitonisa
E sorrio.

VARIAÇÕES PARA MORTE

Isto que se quer fora de casa,
Asa pestilenta, gosto acérrimo.

No fogo da controvérsia
Edifica o indiscutível
E reconduz a uma só pedra
Muros, troféus, arrependimentos.

Existe aquele que nem sabe
Lhe ter medo, tão perfeito lírio
Inerte no meio do campo,
Uma criança a menos
Para o alvo de escopetas.

Talvez de nós se compadeça,
Talvez conosco se deleite
Ao permitir mais uma obra,
Mais um progresso da ciência.

E ela espreita e ela se mete
Pelas frinchas, pelas guelras,
Desafina o instrumento
Bem no auge de uma récita.

Por dentro amadurece o nada,
Seiva que enrijece o fraco
E ao viçoso empalidece.

Em torno evola o seu aroma,
Fumo de pétala e cólera,
Alquímica metamorfose
De um homem em um poema.

O sumo do pavor e do prazer.

MEMORANDO

Não há grandes notícias.

Uma torre desapareceu,
O inverno expandiu-se
E a esperança ainda rói
O fundo de uma caixa
Procurando saída.

Com esculpido esmero
Vai se acabando uma família.

Um gesto qualquer se repete
No ensaio de ser abolido,
Remediar, abafar, corrigir,
Nada lembra o que antes foi só
Generosidade de coisa viva.

Não convém
O alvoroço dos pássaros,
A revanche da galhardia.
É inútil desafiar o pó
E, contudo, desafia-se.

RETORNO

E quando apenas um deles
Restar
De quantos voltaram
Dos campos de trabalho,
Será o último alambrado
Retesado na memória —

Como se de novo pairasse
No mundo
A solidão do primeiro homem.

IV

QUADRANTE VAZIO

Silêncio no campo do soldado.
A noite vazada por um balaço,
Mas ele não pede água.

Em riste como lápide, pensa:
Perco-me eu dos azares que temo
Ou perdem-se de velhos
Os meus sapatos.

Portanto, caminha.

Sente o chão
Sem olhar para baixo,
Olha adiante, fareja adiante,
Um amigo invisível
Vai plantando coragem.

Em algum lugar
Uma língua de fogo
Arremete seu alvo
E ele continua,
A gargalhada espuma:

— *Que eu seja honesto,*
Se já não posso ser justo.

Recalcitrar
De fogo em fogo
No passo canhestro
De repente lhe dá

Uma impressão de leveza
Mais atroz que qualquer futuro.

— *Samiel,*
Toma minha pele couraça,
Minhas canastras,
Meu patético orgulho,
Tudo por quanto te venci
Num átimo, aquela noite,
Naquele escuro.
Faz-me ser como tu,
Rajada escaldante nos desertos.

Agora sim, pedindo água.

ALÉM DO EQUADOR

No soco do vento
Desencontraram-se.

Selvas e rios
Entre dois pontos de um mapa,
Eles perderam contato
Mas não perdiam a saúde
De acreditar
Que nem todos os países
Foram já cartografados.

Em terra queimada de sal
Se queimavam.
Arrendavam o tempo
E com sua paga
Mantinham viva uma língua
Que aos outros nada comunicava,
Um país movediço
Que prendia no estrangeiro
Seus tentáculos.

O quanto pode suportar
Um homem
Uma vez extorquido, sequestrado,
Eles podiam
No meio de estranhos
Com um corpo amarrado à realidade.

Todo dia era um lapso,
Um hábito
Que não achava mais vontade,
A força se adelgaçando
Na dura queda de braço.

Mas não se dobravam,
Isso não podiam.
Faltava secar um país
E uma língua desaparecer
Debaixo de uns trapos —
Brutal e lentamente,
Como cabe ao ferro da coragem.

DIAS E NOITES

Sujo de guerra
Eu voltei
Com meu domínio rendido
E uma fé que não é minha,
Roubada de torres caídas,
Enquanto os outros
Levavam a prata
De transportáveis relíquias.

Ninguém me fez retornar,
Eu retornei sem razão,
Um demente —
Sabor de ferro na boca
Disparando o metabolismo
Do êxtase.

Menos me aturdia
O punho dos violentos
Do que um Deus contrafeito.

Trançados o linho e a urtiga,
Eu me deitei sobre eles
Onde o silêncio é espesso
E braços e pernas se abrem
Sem sinônimo de desejo.

Cheirando a medo
Disputei
A palavra amor
A palavra semente

Manhã, alma, deslumbre,
Todas perdi para o frio,
Viscoso olho
De onde falava a angústia.

No consentimento do espelho
Que faz consentir o rosto,
Volto a mim e não me acuso.
Contemplo imagem e semelhança
Nas águas enganadoras
E isso é tudo.

O TORNILHEIRO

Saí para morrer
Feito um soldado apache
E falhei, falhei tremendamente.

Podia ter me deixado
No meio do caminho,
As mãos engatadas nas costas
Na derradeira prece invertida
Que faculta a lei dos combates
Mentindo paz e justiça.

Podia ter desaparecido,
Perdido a palavra
Num campo de sevícias,
Ter visto o saldo de uma guerra
Com olhos que o delírio desvirgina.

Não tive o privilégio da graça
Nem fui o herói de uma ilíada.

De tudo quanto podia,
Medalhou-me a ciência da fuga,
A absurda notícia da vida
Que debalde semeei
Na volta ao ponto de partida.

Foi a minha desforra
Sem exército e sem família

Espalhar no branco deserto
A cor do azeviche,
Nada mais do que um rastilho
E, como fogo no céu, uma elegia.

CANTO DO ESTRANGEIRO

Viria como um rei
Se fosse por vontade tua —
Tão remoto no tempo
Da tua vida
Que nem te tocasse —
Viria com a alvorada,
Quase miragem debuxada
De uma ave
Sobrevoando a tua história.

Sem te possuir
Nem te pertencer,
Para o teu prazer um aceno
O mais natural
Seria o meu sinal no longe,
Isento de paixões
E cheio de glória:

Nada semelhante
À paz que sucede as guerras
No regresso de um Ulisses
Vagabundo,
Exausto de triunfo, como eu
Que penetro o teu mundo
Envolto em sombra
E para sempre me despeço
Ao desfiar a púrpura
Que a espera pôs
Nas tuas pálpebras.

V

A MORTE DA QUIMERA

Sem dar pelo acaso
Por acaso um dia
Felinamente sozinho
Desdobrou o corpo duro
De muito ter se esquecido.

Desmesurado no espaço,
Terrível
Atirou-se para o caos
O mais pássaro dos bailarinos.

Ficou cravado no ar,
Burlando as lições da física,
Contra um céu civilizado
Em plena hemorragia.

Estático no pulo, o homem
Abateu o mito
E sua sombra inumana
Serpente fabulosa
Caía.

NARCISO

Mirou-se à tona do abismo
Sem poder tocar esse rosto
Como no mundo tocava
Um por um
Os seus alvos de caça.

Desta vez era outro que o mirava
E um amor que rompia
Feito luz separada das trevas,
A mais certeira flecha socrática.

Foi-se deixando mirar
Sua alma de guelras abertas,
Elétrica se debatendo
Até deslizar, de novo adormecida,
Ao seu estado de flor e de água.

Assim se deu sua vertigem,
Num rapto.
Todo o resto foi eco
Em torno de um herói e suas mortes.

EXTENSÃO DO MITO

Contam que ele desceu
Ao vale dos esquecidos
E cantou acima do suplício.

Que apaziguou o vento,
Estufou as vinhas,
De olhos fechados
Seduziu a serpente
Como se replantasse
O primeiro jardim.

Que foi odiado, despedaçado,
Lançado ao mar,
Para nunca mais
Uma voz se atrever à harmonia.

Mas não contam que uma mulher
Reuniu seus fragmentos
E encantou as mulheres da ilha,
Que assim Orfeu amou Eurídice,
Finalmente em corpo e lira.

ENIGMA

Insano entrando
Na neblina, não vê
Que a sorte anunciada
É uma fêmea insubornável.

Com o rosto mergulhado
No tempo, ela espera
Com seu corpo malnascido
Do impensável.

Aonde brilha o pó dos ossos
Ele vem, ele contempla
O que não é dado à vista humana
Contemplar.

Pensa que pode decifrar o enigma,
Santo, que peregrina,
E como labéu da verdade
A cegueira o devora.

TEATRO DE SOMBRAS

Era um frescor de água profunda
A tentação do esquecimento.

Tua alma eleita para a música
Se regando, se perdendo,
Náiade num rio
Antes de existir no tempo.

— *Agora sonha, poeta, e representa*
Sob o véu da lua
O mito da mulher e da serpente.

VI

TREVA ALVORADA

Absurda leveza que te faz afundar
E não é a morte.

Cumpres tua descida calado
(Uma palavra por descuido
Seria amputar a verdade).

Náufrago do tempo,
Tuas horas transbordam.
Dentro da lágrima,
Imensidão, já não choras.

Estrelas e estrelas,
Copulam a sede e o engenho
De que te alimentas
Como nunca te alimentou
O gosto da carne.

Tua face atônita
Se existisse uma face,
Tuas costas nuas,
Se a nudez fosse do corpo.

Um sorvedouro
Onde a paz dos contrários,
Treva alvorada.

Fecundado, flutuas.
É a lei da graça.

SEGUNDA VEZ

Quando te chamarem
E a hora for grave,
Não respondas,
Não respondas ainda.

Repara antes no teu nome,
Separa-te dele, levita.
Repara no que não foi batizado,
Escarlate, atroz, que extasia.

Procura as mãos
Que te cavaram para fora,
Inaugurando o teu passado,
Imiscuindo-te entre a fome e o frio.

A estocada de luz, imagina,
Que te cristalizou no tempo
E assimilou a tua forma
Na forma viva de um grito.

Tua mãe, imagina tua mãe,
Quanto ela envelheceu num dia,
Os olhos mais alucinados
Que os olhos de um assassino.

No teu sono sem pecado
Procura o que não pode ser limpo —
Todo o impossível pode
No teu sono sem política.

E se te chamam,
Se te chamam ainda,
Que seja maior o teu longe,
Mais largo o teu giro.

Sonâmbulo, plácido
Sabedor dos ventos,
Sobrevoa o teu nome
No parto do teu espírito.

VIGÍLIA

Esta noite
Nem o gozo do pensamento
Te entretém.

Teu sentimento
É todo um espanto seco
Como se te mirassem
Os olhos da inocência
E desta vez não te acudisse
O desprezo.

Te comove
Teu sangue trabalhando
Em silêncio,
Resvalar te comove,
Pode ser teu ato extremo.

Nada se põe entre esta noite
E a perfeição
Da tua órbita no tempo.

Só tuas mãos ainda servem
De instrumento,
E elas se deitam.
Podem alcançar adiante,
Escolhem alcançar
A transparência.

VÉSPERA

Há sinais
Que os teus olhos não veem,
Mas neles já se espelha um rio
Desde a outra margem.

Uma náusea das manhãs
De outras manhãs
Começa a distanciar-se
E o que te parecia imenso
Se acantona
Num espaço mal sonhado
Da memória.

Voragem,
O teu nome se descobre
Feito de estranhas vogais
— Um nome
Que jamais conteve
Toda a tua história —
E o que era eterno se ausenta,
Em tudo à espera
De uma nova eternidade.

Esse tremor
Que o teu bom senso não evita
(Não pode evitar a tempo)
Quando roça o teu braço,
Asa de corvo, um certo hábito
Absolutamente livre,
Morto de significado.

VII

COLHEITA

Não minto,
Pisei a terra malsã
Onde nada frutifica.

Como se me olhassem
Os olhos de um filho,
Pesa-me o que fiz
Por ter esquecido
Que podia ver além,
E eu era o filho.

Tanto me cansei,
Foi um gesto, um desmaio
Que as pernas não sentiram,
E dei por mim nessa terra fria,
Onde o tempo é um deus
Que tudo quer
Para o seu império
De coisas perdidas.

Desatentamente eu morria,
Prenhe de amores
Que não cuidei
E me beberam como parasitas.

Pesa-me voltar agora,
Ser devolvido,
Ressuscitado em fúria,
Sangue de Cristo
E dionisíaco.

O ENCONTRO

Dá-me um acontecimento
E eu nada direi sobre isso.

O crime perfeito
Será meu segredo
Fechado por dentro
Em silêncio
Como um vício.

Face à justiça dos homens
Há de me salvar
A vida rotineira
Entre mil outras tão parecidas.

Irei mansamente,
Azul sobre azul,
Sem que desconfiem.

(Quase diurna, eu iria,
Não me turvasse o delírio.)

E no passeio dos lobos,
Teu sangue meu sangue,
Para o chão
Águas e limites.

Repleta do terceiro corpo,
Em asa de luz
Nada direi sobre isso.

De línguas mortas
E um tempo morto
Farei caixa de guardar
Minha fé ilícita.

FILHO PRÓDIGO

Um animal
De grata obediência
Fui criado.

Sempre os teus favores,
A tua pontualidade,
Minha pele macia
Sem rastro de batalha.

Pai, eu era fraco:
Teu amor me apequenava.

Ver à distância
Eu via apenas por metáfora.
Não me punha em risco,
Não sabia errar.

À mesa dos teus mandamentos
Onde todos comiam,
Eu definhava.

Difícil partilha dos bens,
Ser o herdeiro
De tua audácia e desertar.

Perdido
Estranhei meu nome,
Fui jogador,
Do teu ouro fiz jorrar
A noite alta.

Pai, eu descobri a fome.
No descampado sob o sol
Amei e fui triste,
Me inventei como se inventam
Os donos de uma história.

Mais difícil que partir
Eu volto, eu te devolvo
Meu rosto endurecido
Mediante um coração em liberdade.

E festejamos juntos
E devoramos juntos
A morte do novilho cevado.

OS IMPUROS

A peste chegando
E não soubemos ver.

Fomos padecendo naturalmente,
Uma figueira de pouca sombra,
O tronco pesado de segundas-feiras.

Por sete dias a casa vedada,
Tentamos a paciência:
Não disparatar,
Não bulir com o silêncio,
Reconsiderar as coisas pequenas.

Mas a peste vencendo,
Comendo as paredes,
Uma vergonha
Que não imaginávamos
Tão prestimosa, tão perfeita,
Chancelada pelo tempo.

Arrasamos a casa.
O chão nós arrancamos fora,
O grão de onde manava a doença.
Não sentimos pena.

Matar, nós matamos
Num sopro de gentileza.

HERA NOS CAMPOS

Nua feito Jerusalém
Deserta, esquece
O corpo usufruído.

Passeia entre as bestas
A infância desencilhada,
O fogo nos olhos
De quem perdeu o equilíbrio.

(O perdão
Cumpre seu ciclo e passa,
Último dos espinhos.)

Aceita o perdão, sem brio,
Aceita a ruína,
Telepática, escuta no ventre
O tempo que faz crescer o trigo.

Com o estalo dos ossos,
A fratura dos ossos,
Hera nos campos —
A criança sobreviva.

DESCENDÊNCIA

Sou o poema tresmalhado
Que um lobo traz à boca
Como prêmio
De um passeio ao campo.

Vive em mim
O irmão mais velho
Debruçado sobre o chão
Cavando, cavando com as unhas.

Aqui uma cidade se levanta,
Força e música,
Já a prostituta distribui
Os seus encantos.

Uma primeira espada
Deslizando
E há o deserto em mim,
Que seca todo pranto.

Morre aqui eternamente
O ladrão do fogo,
Morre Abel, a cada verso
A terra faz ouvir seu sangue.

O animal que há milênios
Me carrega
Tem a marca
Da educação pela sombra.

PALAVRA

Eu te procuro
Em tempos de rara cortesia.

Guardas da cidade
Que me surrem,
Esbandalhem minha roupa,
Obscena eu insisto.

Também uma asa alguma vez
Pousou em campo de sangue,
Varou três, quatro cabeças,
Depois de novo se abriu.

Ardendo no sol como a sarça
Sem me consumir
Na ponta de uma haste
Dou-me a ser colhida por ti.

Também uma cruz se faz
Com violência,
E a mesma calma
Sem que nela se pense.

ENTUSIASMO

Farta de cansaço,
A morte vacila um passo
E nos concede uma hora.

De uma tarde incinerada
Nós partimos
E não perdemos nada.

Fica bonita a nossa casa,
De aldravas abertas,
Hospitaleira dos ventos.

Nessa hora
Não nos toca a saudade
Nem mesmo por engano.

Sabemos o que fazer e fazemos.
Já não somos covardes,
Nem o amor é brando.

DA ORIGEM DOS MOABITAS

As mãos tateiam
Por baixo do pano,
Mais leves do que o sono
De um soldado.

No vale dos encantos
Onde tudo é possível
Um homem sonha que caminha
Sobre um chão de mosaicos.

Ele penetra
Os recessos de um livro,
Abre a fonte lacrada.

Um cheiro de açucena
(E não o vinho)
O embriaga.

Nunca sua fantasia ousara
Frequentar um palácio
De perfumes e licores
Preexistentes à vontade.

O amor vem quando quer
E se vai antes que a noite
Se desfaça.

Esconde o poeta nesses versos
A suave gradação entre os sentidos
E o insondável.

VIII

VISITA

Envelheceu o nosso pai,
Se fez longínquo.
De olhos abertos
Dorme o sono das pedras,
Seu reino é uma ilha.

Ele sabe o nosso horror
Debaixo do sorriso,
Tudo ele vê, toca, atravessa,
Nossa bruma,
Nossa mão escondida.

O silêncio está tão perto,
Nós fechamos os ouvidos.
Ele passa lentamente,
Envergonha a nossa pressa
E se retira.

A penumbra de cada visita
Nos dai hoje,
Rezamos (sem rezar)
Todos os dias.

NA TEMPESTADE

Não é teu pesadelo
Fracassar no fim do caminho.

O passo torto
Sempre te fortaleceu
E um murmúrio
Dois palmos acima do silêncio
Na noite velha te dizia:

Irás naufragar,
Mas não tenhas medo.

Essa voz não era a de um anjo
Nem o teu horror
Emprestado da bíblia.

Sagrado para ti era o mar
Da cor do zinco, e sentir
As âncoras desprendidas,
Uma proa bordejando
E o teu corpo demasiado honesto
Para ser levado a juízo.

Tinha o nome do orgulho
O animal que te movia,
A que os outros chamavam injúria,
Extravagância de criatura,
Desatino.

Agora que o teu navio
Vai ao fundo do fundo,
Uma praia selvagem
Ladeia o dia seguinte.

13º TRABALHO DE HÉRCULES

Eis o velho empreendedor,
O indomado.

De hora em hora lhe dão de comer,
Esquadrinham-lhe as intimidades.

Tudo o que sente são cores,
Nenhuma delas equivalente
A entusiasmo.

— Ao menos Jó tivera a regalia
De sangrar, energia bastante
Para empenhar no ódio
E contaminar a ordem
Com uma peste e um milagre —

Mas a chaga do herói não se mostra,
O toco da sua dignidade mutilada.

Sabe lá em que recinto arcano
Polemizam duas potestades,
Até quando estremecerão as artérias
E quem vencerá essa aposta.

VIBRAÇÕES

O prazer que te dão as chuvas
Porque derrubam sem chance de luta
As árvores centenárias, os muros,
Um templo com sua esfarrapada figura,
Um pouco é sonho, um pouco insulto
Da tua resistência ao rés do absurdo,
Viver quarenta noites no dilúvio
Atado a uma cama, o corpo no escuro,
Ao abrigo de uma mente lúcida.

O que ainda vibra nesse homem
Se ele nada mais quer, nada pode,
— Demasiada realidade exposta —
Como aceitar que no sono suporte
O lodo se intrometendo pelas bordas,
Perguntam por dentro os que estão à tua volta
E não veem a enguia se movendo,
Se esquivando, ludibriando o tempo,
Quinze côvados abaixo das tuas pálpebras.

IX

NOITE ESCURA

Vou me deitar contigo
E fingir que não sei
Do teu olho amarelo
Engastado na treva.

Há muito tempo não chove,
Desconverso —
Em mim guardado o mistério
De amar sem ver —

Há muito que não chove
No jardim dos mortos,
Quisera dizer.

Que na aspereza da sede
O teu rosto encobre
O rosto de todos
Que já se renderam
À tua lírica estrela.

É gozo e merecimento
O rebento nascido no deserto.

— Ó pai, semeia.

À MEIA VOZ

A terra fraca eu amei,
A terra fraca e desdenhada.

Amei tua carnadura
Sedenta de cuidados,
Meu Deus.

Me doía a casa morta
Erguida sobre séculos,
Em toda parte o ressaibo
De uma guerra difícil.

O leão de pedra na porta
Foi sempre o guardião
Dos jardins
E eu nem sabia.

Não sabia
Do que uma prece é capaz
Quando te abisma
Meu Deus
Num mundo de humana ira.

DIANTE DA PAISAGEM

Minha espera mortiça
Dita saudade
Com fogo e buril
Ganha outro nome
E como todos os nomes
Anseia a carne.

Relâmpago
Na madrugada
Sem testemunha
Além dos meus olhos
E uma estampa
De mãos pré-históricas
Num fundo de pedra
Deixa o rastro
No poema
Da seiva que emana
De pai para filho
E me convoca.

Dom de ser o cordeiro
Desgarrado do adeus,
De lançar vida nos baldios,
Perder ruínas,
Bendita vida, trigueira vida
Pasmando o nada.

NA CASA DO PAI

Deixa-me te ouvir
No pulso do silêncio
E que eu não perca
Em desavença
O indício do teu passo.

O pomo da vida
Como um seio se ofereça,
Livre da guarda dos anjos,
Num paraíso selvagem.

De tal modo te saber
Me esclareça
Que o punho fechado
Sobre a mesa se desfaça.

E terei me esquecido
E terei me recordado
Na idade certa de dizer,
Se tempo houvesse:
Aqui não se morre mais.

Petronio Cinque

SOBRE A AUTORA

Mariana Ianelli nasceu em 1979 na cidade de São Paulo.

Poeta, mestre em Literatura e Crítica Literária, publicou, pela Editora Iluminuras, os livros *Trajetória de antes* (1999), *Duas Chagas* (2001), *Passagens* (2003), *Fazer silêncio* (2005, finalista dos prêmios Jabuti 2006 e Bravo! Prime de Cultura 2006) e *Almádena* (2007, finalista do prêmio Jabuti 2008).

Em 2008, recebeu o prêmio Fundação Bunge (antigo Moinho Santista) – Literatura, na categoria Juventude.

Site oficial: www.uol.com.br/marianaianelli

Este livro foi composto em Charlotte Book e Humanist pela *Iluminuras* e terminou de ser impresso no dia 14 de maio de 2010 nas oficinas da *Graphium Gráfica*, em São Paulo, SP, em papel Off-set 120g.